R. 2996. 5ᵗᵘˢ
I.

23995

PHILOSOPHIE
D'UNE
FEMME.

Dunker sc a f

M. DCC. LXXXVII.

PHILOSOPHIE
D'UNE FEMME.

Le cœur est fait pour sentir, & toutes nos sensations ne semblent avoir pour objet que d'allumer dans nôtre ame les feux de l'amour... Et l'amour amollit l'homme! Etat funeste, qu'il est de la sagesse d'éviter, en opposant tous nos efforts à ses séductions.

De toutes nos passions l'amour est celle dont l'empire est le plus univesel. J'oserois presque dire, que c'est la seule, qui maitrise particuliérement les ames honnêtes. Observés les dans les deux sexes, lorsquelles aiment, & vous en verrés la preuve. La méfiance de soi-même & la fuite sont les seuls moyens d'en triompher.

Qu'une femme, qui ne s'est fait aucun principe contre l'amour & le commerce des hommes, est à plaindre! Si elle a le malheur d'avoir des charmes & de la sensibilité, elle devient le jouet d'un essaim d'Etourdis, qui ne recherchent la beauté que pour la séduire.

Ces hommes dangereux se marquent sous toutes sortes de formes, & cachent leurs desseins avec tant d'art, qu'enfin ils remportent la victoire.

Aucunes femmes, aucunes filles, ne peuvent nous resister, disent ces sortes de heros, en parlant de leurs exploits. Que doivent opposer les femmes aux piéges qu'ils leur tendent?... De la resolution, de la fierté, de la prudence dans le choix de ceux qu'elles admettent à leur société.

Quel avilissement affreux pour une femme, que de se voir exposée à devenir l'objet de la débauche & du mépris d'une foule d'hommes sans mœurs. Il n'y a qu'une imbécile, ou un cœur totalement corrompu, qui puisse soutenir cette idée sans fremir.

O vous ames basses, qui croyés pouvoir acheter les cœurs, qui faites de l'amour un vil mercenaire, rougissés de honte malheureux! apprenés que c'est vous, qui faites naître les vices dont la terre est inondée, & causés le mépris, dont est couverte cette portion d'un sexe foible que vous avés degradé !

S'il est indigne d'un honnête homme de ne pas respecter la simplicité d'une jeune fille ; que doit-on dire de ceux qui se vantent même de l'abus qu'ils ont fait de la confiance de ces victimes infortunées. Sans doute, à les entendre, c'est un exploit glorieux, un procedé noble & généreux. Eh quoi ! ne sentent-ils donc pas, que si nôtre sexe est aussi foible qu'ils le prétendent, & que s'ils font aussi facilement des conquêtes, leurs triomphes n'ont aucun merite.

Ne nous chargés donc point, o hommes ! de toutes vos foiblesses ; car la nature en vous donnant l'audace pour nous attaquer, n'est pas assés injuste pour approuver vôtre inconstance. Non, elle n'approuve pas plus en vous qu'en nous l'abus de ses inspirations. Cependant vous vous êtes fait des principes à vôtre guise & vous traités avec bien plus de severité nôtre inconstance que la vôtre.

Je ne conçois pas, comment dans les accès de vôtre extravagante rigidité, vous pouvés exiger de nôtre foiblesse un refus constant de nous rendre à vos desirs. Ignorés vous donc que la vertu des deux sexes ne tient souvent qu'à un instant malheureux ?

Mais les hommes se livrent trop aveuglement à l'ardeur de leurs passions. La pluspart d'entre eux ne connoissent que les grimaces de l'amour ; leur constitution robuste semble émousser leur ame & la rendre incapable d'en sentir les transports enchanteurs.

Que je pardonnerois volontiers aux deux sexes les abus qu'ils font de l'amour, si je pouvois justifier les tendres mouvemens qu'il excite en nous. Mais on leur substitue des motifs honteux de débauche, d'intérèt &c.

Les hommes sont si indociles à ses sublimes inspirations ! Plusieurs d'entre eux ne cherchent qu'à satisfaire leur convoitise, & ne payent nôtre complaisance que par la plus noire ingratitude.

Il me semble que l'habitude des jouissances des sens est cause, que les hommes de cette espèce ne savent plus distinguer la sensibilité naïve, l'abandon innocent d'une fille sage, des caresses honteuses & dégoutantes d'une créature sans pudeur.

Comme ils ne desirent pas autre chose, ils se précipitent de plus en plus dans le désordre.

par une suite de cette inconstance qui fait la baze du caractère d'un si grand nombre.

Souvent aussi, il faut en convenir, ils apprennent de nous l'art de tromper & ils ne manquent pas de nous tromper à leur tour, à la premiere occasion. Malheur alors à l'infortunée qui porte un cœur sensible & devient l'objet de leurs caresses perfides.

Qu'une femme sans pudeur sait merveilleusement employer l'art de la coquetterie pour séduire un homme ! si elle réussit, il est perdu.

Ce n'est plus qu'un esclave exposé tour à tour aux menaces, aux caresses, aux querelles & aux mauvais procédés; jusqu'à ce qu'enfin sa tête enflammée ait perdu la raison, & qu'il soit souple comme un enfant.

Il s'avilit d'une maniére inconcevable par toutes les bassesses qu'exige de lui son Amante, & métamorphose même en jouissances toutes les faveurs que son caprice lui refuse.

Il pleure, il gémit, il soupire pour obtenir son cœur; & il est assés aveugle pour ne pas s'appercevoir qu'elle n'en a point.

L'intérêt & la vanité sont les Idoles auxquels il sacrifie, & le ridicule, le mépris, l'ingratitude sont sa recompense. S'il s'imagine enfin dans sa bon'hommie avoir remarqué quelques légéres preuves de retour, il se livre à la joïe tandis qu'un rival moins délicat est favorisé sans reserve.

De pareilles femmes sont au plus offrant; ce n'est pas de la tendresse qu'il faut chercher chés elles, leur cœur est inanimé & les délices du sentiment leur sont étrangeres; elles vendent leurs caresses & ne connoissent que le materiel de la volupté.

Il y a aussi des hommes qui ont assés de pénétration pour s'appercevoir clairement de tout ce que je viens de dire, sans avoir la force de rompre les indignes liens qui les retiennent, quoiqu'ils ne leur procurent jamais les plaisirs celestes de l'union des ames.

L'ennui, le dégout, se glissent dans le commerce, l'yvresse se dissipe, & toute la perfidie de la Circé se manifeste.

Pourquoi les hommes n'ont-ils pas la prudence de mettre nôtre sexe à l'épreuve? Et pourquoi leur passion s'enflamme-t-elle aussi subitement & avec tant de violence?

Tant que les charmes de la figure, une démarche élégante, une taille suélte, un esprit enjoué, seront suffisans pour faire tourner la tête à un homme, comment pourra-t-il étudier le cœur d'une femme?

O Infensés! ignorés vous donc combien nôtre cœur a d'enveloppes? Et que les caprices, la vanité, l'entêtement, la diffimulation, la folie & la malice y habitent?

Une coquette, une capricieufe, une avare, une bavarde, une femme d'efprit, une vifionnaire, une fantafque, une folle, une favante, ne rendent certainement pas un homme heureux. Ce font au contraire de vraies furies nées pour lui faire éprouver d'avance les tourmens de l'enfer.

L'une affecte une légére indifpofition, des vapeurs, une migraine, pour éprouver les attentions dont fon amant eft capable à fon égard. Une autre fe plaint de fon fort rigoureux, de fes malheurs, des perfecutions qu'elle éprouve, afin d'exciter fa commiferation. Une troifiéme querelle continuellement fans pitié, fe fâche fans ceffe comme un vrai démon, afin d'amener la complaifance de fon amant & fa patience au point qui convient à fon humeur bizarre. Une quatriéme joue le bel efprit dans toute occafion pour connoître le fien. Une cinquiéme s'étudie à paroître foible, languifsante, à fin qu'il se modéle sur elle. Une sixiéme triste & mélancholique exige de lui qu'il pleure par sympathie. Une septiéme agit avec grossiéreté pour lui faire sentir qu'il est son esclave, & une huitiéme enfin ne souffre pas la moindre contradiction pour paroître savante.

Ce n'est que par l'innocence & les vertus qu'une jeune personne peut faire le bonheur d'un époux. Celui qui ne se marie, que pour satisfaire son fol amour, agit en insensé & court à son malheur. Le dégout s'empare bientôt de lui, & l'objet qui l'enflammoit, lui devient odieux; les plaisirs ne sont plus à ses yeux qu'un poison dévorant & la source des plus horribles tourmens.

Si vous ne donnés à l'amour qu'un but physique; il s'éteint presque aussitôt qu'il est né; mais plus vous éleverés, plus vous ennoblirés ses jouissances, plus vous le garantirés de l'humiliant dégout.

L'amour physique ne doit être qu'une suite de l'amour moral; car le premier ne fait du corps qu'un Être passif après la jouissance, & lorsqu'elle est repetée, son effet est toujours le même, ce n'est pas jamais qu'un méchanisme animal mis en jeu.

Il y a tant d'hommes esclaves de leur sensualité ! L'habitude ne fait qu'enflammer leur tempérament, & le premier objet qui se présente, quelque dégoutant qu'il soit, leur convient, pour satisfaire leur brutal appétit.

Le manque de goût est la principale cause de ce désordre. La pluspart des hommes ont la tête si vuide, ils savent si peu se procurer les vraies jouissances & en user comme il convient. S'il en étoit autrement, ils profiteroient plus sagement de la sensibilité que leur a donné la nature.

Plusieurs manquent d'éducation, sont grossiers, n'ont point une juste idée du point d'honneur, & continuent de se conduire en conséquence, sans chercher à se distinguer de la canaille.

Ce n'est pas que je pense, qu'il faille inspirer aux jeunes gens des idées gigantesques, ou selon les avis des préfaces que l'on trouve à la tête de quelques romans doucereux, leur enseigner une sensibilité agréable ; mais il est du devoir de ceux qui sont chargés de leur éducation, de leur apprendre à regler leurs penchants & leurs goûts.

On doit étudier les passions de la jeunesse

pour leur mettre un frein, & non pour les étouffer, autrement ce feroit anéantir la source des plus belles actions, & leurs passions n'en feroient qu'un plus grand ravage.

Lorsque la jeunesse arrive à l'adolescence, il ne faut plus lui faire mystére de tout ce qui regarde la condition de l'homme & ses passions, sans quoi la curiosité l'égarera, ou l'ignorance causera sa perte.

Il faut lui faire connoître l'amour à la violence de ses désirs, à ses emportemens, à ses langueurs, aux sentimens brulans qu'il inspire, à fin qu'elle se tienne sur ses gardes & que, le confondant avec l'amitié, elle n'allume pas, sans le savoir, les feux dangereux dans ses veines.

Quel portrait charmant d'un amour vertueux ne pourrois-je pas tracer ici ? Quoi de plus aimable, de plus doux, de plus soumis que celui qui reçoit les premieres impressions de l'amour.

Les hommes qui aiment avec enthousiasme ont pour l'ordinaire le cœur bon ; l'amour vivifie toutes leurs actions, la moindre chose les rend heureux. Ils sont indulgens dans leurs discours, bienfaisants dans leurs actions &

leur sensibilité extrême les recompense par les plaisirs qu'elle leur fait éprouver.

Une espèce de fanatisme enflamme leur imagination. L'image enchanteresse de leur amante les suit par tout. Deux amans s'entretiennent ensemble dans leurs songes au milieu de la nuit. Leurs ames s'entretiennent & jouissent, sans le secours des paroles, dans cette conversation secréte des délices les plus enchanteresses de l'amour par la pensée.

La solitude la plus retirée a pour eux les charmes du grand monde, dont ils fuient le tumulte & le tourbillon si fatal à l'innocence & à la santé. La raison a bien plus d'empire, la pensée plus de force & de vigueur dans un homme solitaire que dans ceux qui s'agitent dans le fracas du monde & y laissent émousser leurs sens.

L'amour donne l'impulsion à tout, & une sorte d'énergie inconnuë, mais sensible, anime toute la nature. L'imagination délicate du plus foible oiseau reçoit l'empreinte de sa bien aimée, son cœur bouillonne & bat avec plus de force. À l'approche de sa femmelle un feu subit s'allume dans les veines de l'éléphant comme de l'insecte le plus imperceptible. Oui c'est l'amour qui crie d'une voix ſi forte à toute la nature : aimés vous !

Tout ce qui reſpire, obeît à ce commandement. L'inſenſible vegétal même en éprouve un fremiſſement & ſe panche amoureuſement ſur un autre ; ou il en heurte la pouſſiére, comme les ſoupirs de l'amour que le feu lui apporte du ſein de ſa moitié trop éloignée de lui.

La brute n'entend la voix de ce dominateur de l'univers que dans certains tems marqués, mais ſa demeure eſt toujours dans le cœur de l'homme ; il circule rapidement dans ſes veines & dans les eſprits vitaux qui donnent la mobilité à ſes nerfs. Il en reſte toujours quelques étincelles dans ſon ſang,

Telle eſt la nature de l'eſpéce humaine. Mille cauſes peuvent en faire un embraſement ſans attendre le conſentement de l'ame.

La raiſon ſeule peut mettre un frein à cette efferveſcence & calmer ſa chaleur. Comme un leger orage dans un jour brulant nous rend la température de l'air douce, agréable & plus ſaine & l'on jouit de la lumiére du ſoleil, ſans en être embraſé. L'éducation lui donne de la délicateſſe à cette paſſion, & c'eſt ce qui fait la différence entre le cœur d'un débauché & celui d'un homme fenfible, temple de vertu.

Celui-ci fe fait un bonheur réel par une continuelle modération dans fes goûts. L'autre s'expofe à la douleur, à la honte par l'abus éffrené auquel il fe livre.

L'age n'affranchit pas du pouvoir de l'amour, mais il eft plus dangereux pour la jeuneffe. Cette paffion eft allerte; à peine la nature s'eft elle développée, qu'elle jette de profondes racines, & fes premiéres impreffions font rarement fans effet.

Tant que nôtre efprit n'eft pas encore mur, nous ne réflechiffons à rien; nôtre raifon s'eft elle developpée, nos reflexions arrivent prefque toujours trop tard pour combattre.

C'eft un Dieu malicieux, il faut le craindre, le redouter. Il fait fouvent que les liaifons en apparence les plus pures & les plus défintéreffées finiffent d'une maniére très-trifte. Nous fommes foibles, il faut donc connoître l'amour pour nous conduire avec circonfpection.

Ne pas voir le danger, c'eft aveuglement; ne pas craindre de gâter fon cœur, eft une imimprudence. Quand on feroit invincible, ne doit on pas fe regarder comme déja vaincu ?

Fortifions nôtre vertu par la vigilance, par un respect inaltérable d'un sexe pour l'autre & en gouvernant avec prudence nôtre sensibilité.

Lorsqu'une sagesse trop sevére nous fait prendre pour vertu une certaine rudesse, une frayeur qui portent les deux sexes à se fuir reciproquement, la vivacité de l'esprit s'amortit & au lieu d'un naturel aimable, on n'a plus qu'une philosophie séche & fausse.

On appelle amour tendre l'union pure & intime de deux personnes de différens sexes. C'est le plus rare & le plus flatteur. Celui, qui a trouvé un pareil trésor, est assés riche. Vivre ainsi amicalement & sans gène, mais toujours sans oublier les égards reciproques, c'est, soit dit sans offenser la décence, c'est, dis-je jouir des plaisirs les plus délicieux.

Il regne dans une pareille union un accord de sentimens, une grace dans les mœurs, & un certain esprit que les gens grossiers ne peuvent concevoir, parce qu'ils ne croïent pas qu'elle puisse exister.

On a coutume de juger sur des apparences, par conséquent de mal juger. Et un très-petit nombre peuvent distinguer les effets de cette espéce d'amour d'avec ceux de la sensualité.

On

On peut facilement se tromper à cet égard; mais faut-il pour cela reduire un brave homme à la solitude, & exclure une femme honnête de la société, parceque l'un & l'autre par leur merite ont des prétentions à l'estime des connoisseurs.

Ce n'est ni un bigot, ni un voluptueux qu'il faut consulter, mais un honnête homme qui ne s'est jamais refusé à un plaisir raisonnable. Ne nous forgeons point de doutes inutiles & ne soyons scrupuleux que quand il le faut. Lorsque nous évitons le mal & faisons le bien, nous avons droit d'imposer silence aux insensés.

Le mot d'amour a été si souvent profané, on en a si souvent abusé, qu'on est saisi d'horreur, lorsqu'on voit donner au vice un nom, qui n'appartient qu'au plus sublime sentiment de l'homme.

On prodigue à tous les sentimens le nom d'amour, & ce que l'on n'entend par là, n'est que vanité, caprice, tempérament, sensualité & libertinage.

Ceux qui le reconnoissent pour l'auteur de tout bien, font le plus petit nombre. Il doit naître de lui même, jouir de la liberté & se manifester noblement.

Il y a des hommes qui n'aiment que pour eux-mêmes, soit pour flatter leur orgueil, soit pour nourrir leur vanité.

Dans de pareilles circonstances il faut faire un choix, & ne pas suivre aveuglement le délire de ses sens. Connoître le monde & le cœur humain est d'une necessité indispensable dans la vie sociale.

Il ne seroit pas mal aussi, que les femmes descendissent en elles mèmes pour s'étudier, à moins qu'elles ne veulent ou ne puissent pas apprendre à penser. Je dois avouer à ma propre honte, que c'est à peu-près la raison pour laquelle on trouve parmi nous tant de femmes stupides, de poupées pleines de vanité, ou de créatures sans pudeur.

Tout depend de l'éducation, avec un pareil avantage vous formerés des femmes raisonnables & vraiment sensibles, qui seront les premiéres a trouver ridicules les caprices, l'humeur & les fantaisies, au lieu d'avortons informes, pétries de toutes les foiblesses.

La première éducation est le tems pendant lequel on doit s'occuper particuliérement de gagner la confiance des enfans. La feverité de de ceux qui les dirigent eſt toujours cauſe qu'ils ſe font des confidens particuliers. Ils ne cacheroient jamais rien à leurs inſtituteurs, ſi on ne les y contraignoit pas.

Il eſt tout naturel qu'ils ſoient leurs premiers confidens. L'empreſſement avec le quel ils leur découvrent leurs premiéres penſées, le prouve; ils les ont à peine conçuës, qu'il leur tarde de les communiquer à ceux qui les gouvernent. S'ils ne craignoient ni reproches, ni reprimandes, ni punitions, ils ne feroient jamais myſtére de rien.

L'éducation des filles doit différer de celle des garçons, parceque ni leur caractére, ni leur tempérament ne ſe reſſemblent & ne doivent ſe reſſembler. Selon l'ordre de la nature, il doit regner une certaine harmonie entre les deux ſexes, mais ils ne doivent pas être façonnés ſur le même modéle. L'objet eſt le même dans les deux éducations, mais la maniére de les diriger doit différer.

L'homme & la femme ſont fait l'un pour l'autre, mais leur dépendance mutuelle eſt inégale.

Le plaisir met l'homme dans la dépendance de la femme, qui à son tour dépend de lui par le plaisir & sa foiblesse, ils ne peuvent subsister l'un sans l'autre.

L'éducation des femmes doit donc différer de celle de l'homme, puisque leurs devoirs consistent à lui plaire, lui être utiles, sans faire respecter & aimer en même tems ; à l'élever dans son enfance & le soigner dans sa vieillesse, à lui donner des conseils, le consoler & lui rendre la vie agréable.

Un homme d'esprit a dit : sans les femmes les deux extremités de sa vie seroient sans secours & le milieu sans plaisirs.

Il faut élever les jeunes personnes à être gaies & laborieuses ; leurs punitions doivent contraster absolument avec leurs fautes ; on doit les éloigner d'une vie trop molle afin que le moindre vent ne les enrume pas, comme la plus part de nos femmelettes, & contraindre de bonne heure leurs volontés pour les accoutumer à se plier plus aisément à celle des autres.

Sans leur repeter sans cesse qu'elles doivent se conduire sagement & avec prudence, on peut inspirer aux jeunes personnes l'amour de leurs devoirs en leur faisant sentir le prix de la vertu & les avantages qu'elle procure.

Ce n'est pas assés de leur faire voir ces avantages dans l'éloignement, ou de les leur faire considerer dans l'avenir ; il faut choisir les exemples, sous leurs yeux & les leur montrer dans le caractére même de ceux qu'ils aiment le plus.

Cités à une jeune personne un homme de bien, un homme de mérite, faites lui en faire la connoissance, qu'elle mette son bonheur à l'aimer & convainqués la que cet homme seul peut la rendre heureuse.

Meres sages & raisonnables gravés profondément dans le cœur encore neuf de vos filles ces leçons importantes. " Dites leur, ce qui
„ anime vos corps est bien superieur à lui,
„ puisque l'ame qui est cet agent, vous unit à
„ Dieu & le corps à rien. Vôtre ame merite
„ tous vos soins, o mes enfans ! & vôtre bon-
„ heur ou vôtre malheur dépendent de la per-
„ fection qu'elle acquerra ! „

Petrissés donc sagement & avec addresse leur tendre cœur dès l'age qui semble mériter le moins d'attention. Donnés à leur sensibilité une heureuse impulsion, qui puisse corriger les mouvemens de la grossiére nature, & rendre heureux elles & ceux qui leur seront attachés. Quand vôtre enfant auroit reçu du ciel la beauté la plus parfaite, il seroit honteux que dans son opinion elle n'estimât pas son ame plus que son corps.

Les jeunes personnes du sexe sont portées à être volontaires, accoutumés les donc par les soins les plus tendres, par les moyens les plus caressans, à voir & supporter tout ce qui contrarie leurs desirs ; de cette façon elles se croiront heureuses lorsque leurs desirs seront satisfaits, & seront toujours sans humeur & même gaies lorsqu'elles essuyeront des privations.

Moderés leur vanité pour les rendre plus susceptibles de sentimens élevés. Aprenés leur à juger, à sentir la grandeur, la noblesse des choses dignes d'intéresser une ame forte & vertueuse, à ne voir qu'avec mépris celles qui ne paroissent importantes que pour ceux qui n'ont qu'une façon de penser petite & vulgaire.

Convainqués les que la beauté sans les mœurs, l'esprit sans la raison, les richesses sans l'art d'en faire un bon usage, non seulement ne procurent à l'homme aucune élévation, mais au contraire le dégradent. Par là vous empêcherés vôtre fille d'être orgueilleuse avec les jeunes personnes denuées des agrémens de la figure, d'affecter le bel esprit devant des sottes & d'avoir plus de fierté avec les gens sans fortune qu'avec ceux qui sont riches.

La raison doit toujours servir de guide à la vertu. Sans doute, il faut faire connoître aux jeunes personnes l'empire de leur sexe, mais il faut leur prouver qu'il ne suffit pas, pour le maintenir ou l'étendre, d'avoir de la conduite ou des mœurs, qu'il dépend aussi de la façon de penser des hommes & qu'il se reduit à peu de chose sur les ames basses & corrompuës.

Peignés leur donc les mœurs du tems, & soyés certaines que vous les verrés en avoir horreur. Montrés leur les gens à la mode, elles les mépriseront, fuiront leurs principes, haïront leur façon de penser & dédaigneront leur vaine galanterie. Leur cœur noble brulera du désir d'avoir sur des hommes d'un esprit mâle & étendû l'empire que les femmes de Sparte avoient sur leurs époux.

L'éducation & ses heureuses suites restent toujours. L'experience m'a prouvé de tout tems qu'une jeune fille, qui a appris à reprimer ses desirs, ne peut jamais s'égarer, ni devenir une femme sans jugement dans sa conduite.

Elle ne sera jamais à charge à personne, & sans protection, elle honorera l'humanité par le courage avec lequel elle supportera l'indigence. Quand bien même elle auroit quelque foiblesse, son ame nourrie de bons principes la ramenera toujours à son ancien système.

En êtes vous venuë au point de lui inspirer du dégout pour la froide galanterie, dirigés sa vanité, car il n'y a aucune femme qui n'en ait sur des objets estimables; alors elle pourra voir sans danger des hommes de toute espèce.

Vous ne la verrés point porter son jugement à la premiére entrevuë, sur ceux qui sont admis en sa présence, parcequ'elle saura que ce sont des êtres bizarres, qui blament souvent de bouche ce qu'ils estiment dans le fond du cœur, ou louent ce qui réellement leur déplait.

On voit un grand nombre de jeunes gens, qui se fient tellement à la légereté & au peu de solidité d'esprit de nôtre sexe, qu'ils adoptent le caractére & imitent nos plus petites folies pour nous plaire.

Jeunes beautés, proportionnés donc vos égards au merite de ceux qui vous font leur cour; tant que leur caractére vous eſt inconnu, conduiſés vous toujours avec une ſage circonſpection; cette retenue fera autant d'honneur à vôtre diſcernement qu'à vôtre vertu.

Il y a des hommes qui diſent des flatteries aux jeunes filles, uniquement pour avoir l'air galant & tourner enſuite en dériſion auprès des gens, qui penſent comme eux, la credulité de celles qui les écoutent.

Ne pretés donc point l'oreille aux douceurs des hommes. Car un jeune homme ruſé ne les prodigue qu'au détriment de vôtre raiſon & de vôtre honneur. Un fade petitmaitre, familier avec les expreſſions romaneſques, vous tient les mêmes diſcours qu'à une courtiſanne qu'il veut rendre favorable à ſes déſirs.

Attaqués ces eſprits vains & legers par leur côté foible & ne vous imaginés pas toujours que celui, qui vous flatte le plus, ſoit celui qui vous conſidére d'avantage.

Gardés vous ſurtout d'écouter les déclarations que l'on veut vous faire. Souvent le jeune homme le plus timide peut vous entrainer dans le piége. Une politeſſe ſerieuſe en écartant de vous ces galants de profeſſion eſt le plus sûr moyen de vous préserver du danger de leurs attaques.

Celui qui n'est qu'une espèce de baladin dans vôtre societé, ne doit pas non plus meriter vôtre attention.

Un homme qui ne s'occupe qu'à dire à une jeune fille sans experience, qu'elle est jolie, qu'elle est belle & très-aimable; qui ne fait que lui baiser la main, ou soupirer ou chercher les moyens de la mettre de bonne humeur, a ordinairement une tête bien vuïde & ses talens se reduisent à une gentillesse folâtre.

Riés à vôtre aise de pareils personnages, ne les épargnés point & dites leur: mon cœur est fait pour aimer un homme & non un insecte ephémere.

Le voluptueux a pour l'ordinaire un langage tendre & doucereux, & pour ajouter aux charmes de sa personne, avance mille propos dont il connoit lui-même toute la faussetè. Ce preux commence-t-il à s'écarter de la décence; opposés lui la modestie & vous le reduirés bientôt au silence.

Avés vous eû le malheur de recevoir dans vôtre maison un de ces hommes méprisables qui pour vous séduire fasse briller l'or à vos yeux; que vôtre fierté vous protége & ne vous avilissés jamais jusqu'à vendre vôtre tendresse.

On partage souvent son lit avec une coquette, mais on ne lui transmet pas son nom; & une fille qui sourit à chacun avec la même politesse, qui reçoit toutes les adorations, ou laisse tomber indistinctement les regards pleins de convoitise sur le premier venu qui voudroit éblouir tous les jeunes gens de ses charmes, peut bien exciter des passions, mais ne touchera jamais le cœur. Celle là seule qui est vertueuse peut réussir à faire son bonheur.

C'est par une sage modestie, une certaine pudeur qui lui est propre qu'elle fera naître pour elle l'inclination des hommes ou au moins leur estime.

Est-il rien de si enchanteur qu'une beauté modeste! Celle qui a besoin de se contraindre pour paroître telle, cause bien vite le dégout ou du moins fait naître des desirs peu honorables pour elle.

Les hommes en un mot ont le défaut de refuser leur admiration lorsqu'on la sollicite, & ils l'accordent volontiers alors qu'on semble l'éviter. Celles qui ont l'air de fuir les graces en ont, par cela même, ordinairement d'avantage.

Fuyés donc le ton de la coquetterie, mais en l'évitant ne vous jettés pas dans le défaut oppofé ; je veux dire : n'ayés jamais l'air dédaigneux.

Le dédain lorfqu'il n'eft pas produit par l'infenfibilité ou une efpèce d'eloignement pour les hommes ne paffe que pour un déguifement caufé par l'hypocrifie, l'orgueil ou le caprice.

Si c'eft l'hypocrifie qui le produit, le mafque tombe bientôt & la rumeur qui s'éleve rend leur condition plus fâcheufe. Si c'eft par orgueil ou caprice qu'elles ont adopté ce rôle, on l'attribuera à leur peu de jugement. Une fille veritablement vertueufe n'affiche jamais le dédain.

Lorfque vous verrés un honnête homme peu parleur vous rechercher, que vôtre fenfibilité fe développe toute entiére pour le cherir ; traités le avec diftinction, & de cet air amical & aimable fi enchanteur pour un homme de la part d'une jeune perfonne & foyés fûres que par là vous obtiendrés fon eftime & fon amitié.

Ne traités jamais avec dédain aucuns de ceux qui vous font la cour, sans quoi les gens sensés attribueront vôtre conduite à quelque défaut de cœur ou d'esprit & leur jugement à ces deux égards n'est rien moins qu'avantageux.

Un homme solide & raisonnable a toujours un grand avantage sur ces jeunes gens frivoles, que je comparerois volontiers à des espèces saltinbanques. Tenés pour constant qu'un esprit rassis est un terrein fertile où croissent les plus solides vertus & où naissent les plus belles actions.

Mettés donc beaucoup de prudence dans le choix d'un époux; mais prenés garde de la pousser trop loin; il en resulteroit un autre inconvenient. Nos anciens nous ont montré par leur conduite qu'il faut tenir le milieu du chemin. C'est toujours le plus sûr & la sagesse en toute chose consiste à éviter le trop ou le trop peu.

Voulés vous être heureuses, cherchés d'abord le contentement du cœur, sans lui l'amour n'est rien, un mariage fait au hazard est toujours dangereux; mais après vôtre cœur consultés soigneusement vôtre raison, c'est elle qui doit vous diriger.

Demandés vous à vous même avec soin, si quelque passion secréte (évités ce malheur) ne s'est pas glissée dans vôtre ame, sans quoi vôtre raison vous blameroit sévérement & enfin conspireroit avec vôtre cœur pour vous abandonner.

Voulés vous faire un mariage heureux, dit Rousseau, prenés conseil de la nature, de la conformité de goût, d'humeur, de sensibilité & de façon de penser.

Les hommes vous recherchent par deux motifs, par inclination ou pour faire leur bonheur; on appelle aussi ce dernier vue d'intérêt.

Cette expression a un sens très étendu & ne se borne pas à signifier un mariage bien assorti. Examinés vous donc vous mêmes avec soin, ainsi que l'homme qui vous recherche. Tâchés de découvrir ses vrais desseins, afin de n'être pas exposées au repentir; mais ne soyés pas néanmoins trop scrupuleuses à cet égard. Car si vous pouvés acheter de tout vôtre bien, l'amour, la fidelité, les bons traitemens d'un homme, vous n'aurés rien payé trop cher.

L'homme le plus superficiel fait souvent la plus forte impression sur nôtre sexe; gardés vous de fixer vôtre choix sur lui. Il faut de toute neceſſité que vous connoiſſiés à fond le caractére de celui auquel vous donnerés la main. Employés, pour le découvrir, mille moyens innocens pour fixer le vôtre en conſequence & mettre l'egalité entre vous.

Avés vous enfin fait un choix avec les précautions requiſes; ne différés pas vôtre bonheur & celui de vôtre amant; agir autrement c'eſt l'effet d'une vanité bizarre; il y a une foule d'exemples que des hommes liés du plus tendre amour, fatigués de ſes lenteurs, ont fini par ſe dégouter de celles qu'ils aimoient d'abord.

Efforcés vous de paroître la plus aimable des femmes aux yeux de vôtre meilleur ami, & ne ceſſés jamais de paroître telle. Faites tout pour qu'il vous croïe le bien le plus précieux qu'il puiſſe poſſeder ſur la terre, & ne vous imaginés pas, comme nous le faiſons la pluſpart, que le moment de vôtre mariage eſt l'époque de vôtre regne & pour vôtre époux celle des épreuves de ſa patience.

Le bien & le mal que l'on remarque dans les jeunes femmes provient ordinairement des avis qu'elles reçoivent de la part de leur mere avant le mariage. Si celle ci n'a jamais penſé ſerieuſement à aimer tendrement ſon mari, il eſt tout naturel que ſa fille, endoctrinée par elle, imite ſon exemple, qu'elle regarde le mariage comme un état de liberté & devienne une furie née pour tourmenter ſon mari trop complaiſant.

Mais tous les hommes ne ſe croient pas tellement enchaînés par les liens du mariage, qu'ils abandonnent entiérement leur autorité. L'expérience nous apprend qu'une femme en contractant un pareil engagement riſque toujours d'avantage qu'un homme; il ne faut pas nous le diſſimuler, nous confions nôtre bonheur à la conduite de nos époux.

Evités donc de vous conduire comme ces femmes méchantes qui cauſent ſouvent des déplaiſirs mortels aux maris les plus eſtimables.

L'empire d'une femme eſt un empire de douceur, de ſageſſe & d'agrément; leurs ordres doivent être des careſſes & leurs menaces des pleurs.

Le lien du mariage crée, j'oſe dire, une perſonne morale, dont la femme eſt l'œil & l'homme le bras, dont l'intérieur dépend ſi fort de l'un & de l'autre, que l'épouſe doit apprendre

prendre de son mari comme elle doit voir & l'homme apprendre d'elle comme il doit agir.

Tout tend à établir cette harmonie qui doit procurer leur felicité jusque dans les moindres objets. Ils font ce qui leur plait reciproquement, chacun obéit & tous deux gouvernent.

Une femme doit commander dans sa maison, comme un ministre dans un état; il faut qu'elle ait l'art de le faire commander ce qu'elle veut faire.

Abuse-t-elle de ses droits, veut-elle commander seule, il n'en resulte que du désordre, du chagrin & une mauvaise renommée.

Le plus grand merite d'une femme vertueuse & honnête est de rester inconnuë. Sa vraie renommée est dans l'estime de son mari & son plaisir dans le bonheur de sa famille.

La douceur est sa qualité la plus éminente. Comme elle est faite pour obéir à l'homme qui est si souvent vicieux & toujours sujet à tant de défauts, elle doit apprendre de bonne heure à supporter sans murmure l'injustice de son mari. La contrariété, l'obstination ont toujours augmenté le malheur des femmes & le désordre des hommes, parceque ceux ci sentent, que ce ne font pas là les armes qu'il faut employer contre eux.

Ce n'eft pas pour être des megéres que la nature nous a fait careffantes, qu'elle nous à donné des charmes & un cœur tendre. Elle ne nous a point créé foibles pour que nous foyons imperieufes; ce n'eft pas pour quereller qu'elle nous a donné une voix fi douce. Elle n'a point enfin deffiné nos traits avec autant de délicateffe pour que nous les déformions par la colére.

C'eft un oubli de nous mêmes qui fait que nous nous laiffons emporter par cette paffion; nous avons fouvent fujet de nous plaindre, mais jamais de murmurer; il faut fe renfermer dans ce qui eft de fon fexe. Un homme trop complaifant rend fa femme infupportable; mais une femme par fa douceur ramene toujours fon mari; à moins qu'il n'ait entièrement le cœur d'un monftre, tôt ou tard elle triomphera certainement de lui.

Un enchantement continuel dans cette vie eft une chimére. Le mariage le plus heureux ne peut mettre à l'abri de quelques momens vuides & mélancholiques. Il faut employer tous fes foins pour faire naître des fleurs, afin de donner à l'air par leur parfum le ressort & la salubrité qu'il a perdu.

La jalousie est le plus dangereux ennemi de la félicité dans le mariage. C'est quelques fois prudence avant de le contracter & toujours folie après. Apportés tous vos soins à garantir vôtre cœur de ce poison. Que vous seriés à plaindre si cette pensée cruelle se glissoit dans vôtre ame contre vôtre époux, & surtout si elle s'y fixoit pour toujours.

Eloignés cette horrible passion de l'esprit de vôtre époux par vôtre bonne conduite. Evités tout, même les plus legeres apparences, si cela pouvoit faire naître le moindre nuage, & vôtre prudence réunie aux devoirs sacrés qu'impose le mariage, vous maintiendront dans la possession de sa confiance & de son amour.

L'honneur d'une femme dépend presqu'entiérement de celui de son mari, & une femme vertueuse & raisonnable cherche toujours à en conserver la pureté. Celle qui en presence des autres femmes laisse échapper quelques plaintes contre la conduite de son mari ne donne pas une grande idée de son caractére. Mais celle qui découvre ſes défauts, quand même ils ſeroient connûs du monde entier, à plus forte raiſon ſi on n'en avoit pas encore de certitude, eſt la plus mépriſable créature de la terre.

Une convenance reciproque rend le mariage le plus heureux des états ; mais elle ne s'y trouvera jamais, quand une vraie inclination & l'amour ne préſideront pas à vôtre choix. Les exemples de ceux qui s'aiment d'avantage après le mariage qu'auparavant ſont rares parmi les hommes ; & l'on ſe trompe cruellement lorſqu'on croit que l'amour viendra avec le tems.

Il regne parmi nous une erreur tout auſſi préjudiciable pour nôtre ſexe; nous nous imaginons qu'un époux & un amant ne ſont qu'une ſeule & même perſonne. Ce ſont nos romans, dans les quels nous ne voyons que des peintures phantaſtiques, qui nous empêchent de voir que ce ſont deux êtres très-diſtincts Cette erreur diminue cependant le bonheur du mariage, qui, s'il n'eſt pas détruit pas quelqu'accident, ne ſe trouve auſſi parfait dans aucun autre état.

Il est impossible de confondre l'amant & l'époux l'un avec l'autre, comme un si grand nombre d'entre nous le font. Nous nous plaignons de ne pas trouver dans le mariage ces petites attentions, ces flatteries & une quantité de bagatelles dont nous amusent nos amans & que nôtre vanité prend pour l'amour. Si cette tendresse prétenduë, comme nous nous plaisons à l'appeller, qui nous enchante si fort avant le mariage, cesse d'avoir lieu, nous l'attribuons à la froideur, à l'indifférence, au défaut d'inclination de la part du mari. Ce changement n'est cependant qu'une suite naturelle de la possession d'un cœur que l'on avoit recherché avec empressement. Tant qu'on est dans l'attente, les sens sont agités, est-on parvenu à son but, on n'en est pas moins heureux mais plus tranquille.

Tel est l'effet du mariage ; comme la raison n'est plus aveuglée par le tumulte des passions, elle examine de sang froid le choix que l'on a fait ; lorsqu'elle a lieu de s'en applaudir, alors le sentiment se reveille & avec lui la tendresse la plus forte, la plus durable & une amitié éternelle, effet non de la violence de la paſſion, mais d'une douce ſenſibilité du cœur délicieuſement & conſtamment émuë.

Un pareil amour procure à une femme raiſonnable une ſatisfaction incomparable, une félicité bien audeſſus des jouiſſances que donnent les niaiſeries, dont les amants repaiſſent les inſenſées qui les écoutent, aux quelles ils pourroient, ſans leur faire injure, remettre en main les poupées qu'elles ne font ſouvent que de quitter.

Pour vous, o hommes! ne vous offenſés pas de la liberté avec laquelle je me ſuis exprimée à vôtre égard. Le ſage conſeil, que je vais vous donner, vous prouvera que cet ouvrage eſt écrit avec la plus grande impartialité. — Gardés vous de prendre une méchante femme & cherchés en une bonne.

Toute créature malheureuſe, parcequ'elle ſe voit trompée dans ſon amour, me fait pitié. Mais l'homme, qui ne pourroit goûter les douceurs d'un attachement tendre que par une eſpèce de conquête pénible ou à force d'argent, ſeroit à mes yeux le plus infortuné des êtres.

Flattés nous moins, nous ſerons moins dédaigneuſes, vous n'aurés pas beſoin d'autant de patience avec nous. Dès que nous serons guéries de nôtre orgueil & de nôtre vanité, nous nous empresserons de payer de retour vos sentimens pour nous.

Accoutumés nous à reprimer nôtre desir de dominer & nous employerons alors la priére au lieu de donner impérieusement des ordres. Cherchés à former nôtre esprit sur vôtre goût, & vous n'aurés plus de raison de vous ennuyer auprès de nous.

Apprenés nous à penser & à agir naturellement, & nous ne ferons plus dissimulées. Que vôtre franchise provoque la nôtre & l'on verra entre les deux sexes réunis l'amitié la plus parfaite & la plus estimable.

On peut s'aimer sans enthousiasme & sans avantures romanesques; s'entr'aider tour-à-tour sans troubler son bien être; de cette maniére tous les sentimens les plus délicieux, recompense enchanteresse d'une vie amicale, deviendroient le partage de toute l'espéce humaine. Cherchés donc des épouses dont l'esprit, le jugement, le caractére & le cœur ne soient pas encore gâtés!

Quoique le défordre & le libertinage regnent dans nos villes avec l'impudence la plus audacieufe, que le vice y marche la tête levée, que la vertu n'ofe prefque s'y montrer; il y a cependant des cœurs qui femblables à des plantes délicates & précieufes ont été mifes à l'abri des fureurs du vent du nord, & ont merité qu'elle les choifit pour fes temples.

Que l'époufe, dont vous aurés fait choix, foit intereffante par fa jeuneffe & fa candeur. Il n'eft point de voyage dangereux, que les brigands d'Efpagne, l'avarice hollandoife n'ait entrepris, point de pays lointains qu'ils n'aient vifité pour trouver des alimens à leurs vices, quelle honte ne feroit-ce pas de voir qu'un cœur épris des charmes de la vertu & de l'innocence trouveroit la diftance qui le fépare de celui qui lui reffemble, trop confiderable pour efpérer de jamais l'atteindre.

Qu'une grande beauté ne foit point l'objet de vos defirs. Le mariage fait difparoître tout ce qu'elle a de piquant. La poffeffion émouffe fes charmes, & en peu de femaines vous y ferés indifférent. Si une belle femme n'eft pas un ange, fon mari eft le plus malheureux des hommes, & quand bien même

elle

elle auroit la perfection d'un ange, les ennemis dont elle sera continuellement entourée, viendront encore à bout de l'anéantir.

Est-il donc inévitable, dirés vous, que deux amis deviennent indifférens l'un pour l'autre? n'est-il pas possible de prévenir ce malheur? seroit-ce la nature qui le veut ainsi? seroit-elle assés marâtre, qu'en nous faisant le plus beau présent qui soit en sa puissance, de ne nous en accorder la jouissance que pendant le tems nécéssaire pour nous rendre malheureux par la privation?

Doucement, Messieurs, si ce sont là vos pensées, il me semble que vous êtes injustes d'accuser la nature d'autant de barbaries. Gardés un juste milieu dans vôtre choix, même à l'égard de la beauté. Préférés toujours une physionomie agréable, un caractére doux. Un bon esprit ne se flétrit pas comme la beauté. Il a toujours la même fraicheur & se renouvelle sans interruption. Une femme vertueuse & douce plait autant à son mari après trente ans de mariage que le premier jour.

Ces transports enflammés, dont le cœur est agité dans le commencement d'une pas-

D

fion, quelque forte qu'elle foit, s'affoibliffent & fe perdent peu-à-peu. Mais un vrai amour fubfifte toujours, ou s'il s'évanouit, c'eft toujours la faute des infortunés qu'il abandonne.

Il prend à la verité un autre caractére, il devient une inclination parfaite & tranquille, une amitié tendre qui unit deux époux auffi étroitement qu'auparavant pour leur bonheur commun. Les attentions, la tendreffe, la fidelité, tout ce qui eft nécéffaire enfin pour la felicité de deux cœurs, fubfifte. Ces accès éphéméres, ces enfantillages, cette volupté fenfuelle, qui accompagnent ordinairement l'amour, difparoiffent feuls. Mais quand deux amans n'ont eû pour objet entre eux que ces bagatelles, ils éprouvent après une bien courte jouiffance, un vuide qui fait leur malheur.

Si au contraire leur amour eft fondé fur des motifs plus fages, fur des principes qui font ceux d'une vraie & précieufe amitié; s'il a pour motif, par exemple, les qualités, l'efprit, la vertu, l'eftime, le bon caractere, loin de s'alterer, il deviendra tous les jours plus fort, il perdra à la verité quelque chofe de cet état éblouiffant qui féduit, mais il jettera toujours de lui-même des flammes claires & brillantes. Il va toujours en se perfectionnant; il étend jusqu'à la vieillesse les charmes du premier jour de l'union conjugale & entretient cette action du cœur qui fait les délices des deux époux.

Hommes! ayés donc le courage de chercher une épouse qui puisse faire vôtre felicité! & lorsque vous l'aurés trouvée, daignés quelques fois penser à celle qui a tâché de reveiller vôtre insouciance sur une chose aussi importante.

www.ingramcontent.com/pod-product-compliance
Lightning Source LLC
LaVergne TN
LVHW022146080426
835511LV00008B/1292